Jörg Neugebauer

Der Zeitzwerg und andere Texte

nur für diesen Moment

Jörg Neugebauer

Der Zeitzwerg und andere Texte nur für diesen Moment

Kurzgeschichten

EDITION
Noack
Block

ISBN 978-3-86813-162-8

Herstellung durch Frank & Timme GmbH,
Wittelsbacherstraße 27a, 10707 Berlin.
Gedruckt auf säurefreiem, alterungsbeständigem Papier.

www.noack-block.de

Inhalt

Teil 1

Matrosenbedarf

Briefwechsel

Hans Kafka hatte mir einen Brief geschrieben, er sei mit dem weltberühmten Schriftsteller verwandt, wisse aber nicht genau, wie. Ob ich ihm da helfen könne.

Ich antwortete, ich sei in meiner Jugend mal einem Karel Kafka begegnet, der sei aber letztlich ich selbst gewesen. Ich hätte mich eine Zeitlang so genannt, und auch das nur im Geheimen, genau genommen wisse niemand davon.

Dann bin ich also der erste, der davon weiß? fragte Hans mich in seinem nächsten Schreiben, was ich in meinem Antwortbrief bejahte.

Wir korrespondierten noch eine Zeitlang über andere Themen, danach verebbte der Briefwechsel, und ich habe bis heute nie wieder von Hans Kafka gehört.

Der Zeitzwerg

Der Zeitzwerg ging auf der Mondsichel spazieren. Da es dunkel war, fiel er nicht runter. Eine Straßenbahn fuhr heran, glatt durch den Lichtschein des Mondes. Das machte dem Zeitzwerg zu schaffen, der es gewohnt war, nicht gesehen zu werden.

Aus der Stadt strömten bettwarme Schläfer, um sich den Zeitzwerg anzusehen. Hier muss er sein! riefen welche. Nein, hier! riefen andere. Auch aus der Straßenbahn quollen noch etliche, manche mit Ferngläsern, die sie verkehrt herum hielten, wegen der bessen Optik, wie sie einander versicherten.

In dem Durcheinander gelang es dem Zeitzwerg unbemerkt auf die andere, die dunkle Seite der Mondsichel zu gelangen. Dort hielt er sich fortan verborgen. Doch was heißt fortan, erst galt es die Nacht zu überstehen. Die Straßenbahn fuhr jedenfalls weiter, irgendwie enttäuscht. Und die Menge zerstreute sich, als wäre ein Wind aufgekommen, der sie wie Sand verweht. Der Zeitzwerg wagte sich wieder auf die andere Seite.

Dort umfing ihn die Nacht mit ihrer Wärme. Und der Zeitzwerg atmete auf.

Arnold Layne

Auf einer einschlägigen Börse versuchte ich ein Autogramm von Arnold Layne zu verkaufen oder günstig zu tauschen. Man entgegnete mir aber, das Autogramm müsse gefälscht sein, denn Arnold Layne gäbe es gar nicht, er habe niemals gelebt.

Das kann nicht sein, sagte ich, ich hab doch sein Autogramm! Es gibt sogar ein Lied über ihn, so berühmt ist er.

Jeder könne den Namen Arnold Layne schreiben, hielt man mir entgegen, dazu müsse man nicht Arnold Layne heißen. Überhaupt sei der eine Kunstfigur. Die sich derjenige ausgedacht habe, der vor weiß Gott wie vielen Jahren mal dieses Lied schrieb.

Mag sein, mag sein, beharrte ich, aber ist das nicht egal, ob es Arnold Layne wirklich gibt – ist sein Autogramm nicht dadurch erst recht wertvoll, dass sich ihn jemand ausgedacht hat?

Edle Seele

„Du edle Seele!“, schrie der Roboter unentwegt. Der Ingenieur versuchte seit zwei Stunden den Fehler zu beheben und den Roboter „Du schöne Seele“ sagen zu lassen, wie es eigentlich heißen musste. Und nicht *sagen* oder gar *schreien* sollte der diesen Satz, sondern ihn in angemessenem Ton artikulieren. Welcher Ton aber war hier angemessen? Egal, erst das falsche Wort austauschen, sagte sich der Ingenieur, alles andere kommt später.

Am Abend rief der Geschäftsführer an, ob der Roboter fertig sei.

Der Ingenieur sagte nur „Hören Sie selbst“ und rückte den Roboter näher.

„Ich höre nichts. Soll das der Roboter sein? So antworten Sie doch!“

Die Stimme des Chefs klang schrill.

„Ja“, war der Ingenieur im Hintergrund zu vernehmen, „Er sagt nicht mehr *Du edle Seele*, er sagt jetzt überhaupt nichts mehr.“

Der Chef schwieg. Für einen Moment, wie es schien, dann länger.

„Als ob er horcht“, dachte der Ingenieur. Und unwillkürlich tat er es ihm gleich.

Als die Uhr zu ticken aufhörte

Fünf Jahre ist es jetzt her, dass die Uhr zu ticken aufhörte. Seither steht sie, während um sie herum alles unverändert geschieht. Ich sitze in der Uhr, schaue hinaus. Ein bis zweimal am Tag verlasse ich sie, bin draußen und treibe allerlei Dinge. Nach spätestens anderthalb Stunden kehre ich in die Uhr zurück. Erst seit sie steht, wohne ich drin. Wo ich vorher wohnte, kann ich nicht sagen. Ich denke manchmal darüber nach, komme aber zu keinem Ergebnis. Wahrscheinlich in Nähe der Uhr, ja das wäre das Wahrscheinlichste. Auch jetzt bin ich in der Nähe der Uhr, während ich spreche. Im Innern der Uhr könnte ich natürlich nicht sprechen. Ich gehe jetzt also wieder hinein.

Frau Rabel

Wir kennen Frau Rabel, außer uns aber hier niemand. Frau Rabel ist, wenn man so will, unser Geheimnis. Dabei ist nichts Geheimnisvolles an ihr, zumindest soweit uns bekannt ist. Wir kennen Frau Rabel zwar, doch alles können wir nicht von ihr wissen. Und das wollen wir auch gar nicht. Uns genügt, dass wir – und nur wir – sie kennen. Mag übrigens sein, dass irgendwo außer uns noch andere von ihr wissen, sie gar persönlich kennen oder einmal mit ihr zu tun hatten. Doch diese Menschen interessieren uns nicht. Zwischen denen – so sie denn existieren – und uns besteht keine Verbindung. Und wir wünschen auch nicht, dass sie bestünde.

Zwischen uns aber besteht eine Verbindung, und zwar genau darin, dass wir beide von Frau Rabel wissen. Und jeder von uns weiß, dass der andere auch von ihr weiß, ihr im Leben begegnet ist und von ihr – in längst vergangener Zeit – sogar mit Namen angeredet wurde, mit Vornamen, unserem damaligen Alter gemäß. Wir aber nannten sie stets nur Frau Rabel, und das tun wir, wenn wir unter uns sind, noch heute.

Wenn wir unter uns sind, sage ich, denn im Beisein anderer von Frau Rabel zu sprechen, wäre unangebracht, da außer uns hier niemand Frau Rabel kennt. Und umständlich erklären, wer Frau Rabel ist oder war und in welcher Beziehung wir zu ihr standen, das wollen wir nicht – wozu sollte das gut sein? Spricht aber, wenn wir unter uns sind, in irgendeinem Zusammenhang einer von uns von Frau Rabel, dann nicken wir, mindestens innerlich, beide. Weil wir wissen, dass wir uns verstehen.

Chirurgen sind immer in Eile

Weil sie so geschwind unterwegs sind, verlieren sie manchmal ein Messer.

In ihren wehenden weißen Mänteln stecken nämlich so viele, da fällt es, wenn eines herausfällt, erst gar nicht auf. Irgendwann erblickt es ein aufmerksamer Patient, der zeigt drauf, sobald eine Schwester vorbeikommt. Die nimmt es und gibts dem Chirurgen, doch meist erst am anderen Tag.

Denn in der Nacht hängen die weißen Chirurgenmäntel auf Bügeln, und still ist es in den sonst so geschäftigen Räumen. Nachts haben die Patienten das Sagen. Oder sie hätten es, aber sie schweigen. Bis erneut Tag ist und die Chirurgenmäntel sich wieder beleben. Beinah zu sehr, denn in der neu aufflatternden Eile können wiederum Messer verschwinden. Und nicht eines bloß, manchmal sind es auch zwei.

Von einem Chirurgen wurde erzählt, er habe fünf Messer auf einmal verloren. Und trotz dieser Anzahl blieb das lange Zeit unbemerkt. Schwestern und selbst Chirurgen seien im Laufen öfters zwar auf sie getreten, hätten jedoch die Messer bloß gedankenlos weggekickt, ohne sie zu erkennen.

Erst Wochen danach sah sie ein Pfleger, dem in der Nacht langweilig war. Unruhig durchstreift er die dunklen Gänge und sieht Metallenes glänzen, hier eines, dort zwei, am Ende sind alle fünf beieinander.

Solche Funde sind wahrhaft selten und werden dann fast zu Legenden, die noch Generationen von Patienten und Schwestern einander erzählen.

Baugrube

Ich hob eine Baugrube aus, um ein hohes Gebäude zu errichten. Die Bauarbeiter ließen mich aber im Stich, so buddelte ich alles allein mit meiner Schaufel.

Ein Mädchen, fast noch ein Kind, trat herzu und fragte mich, was ich täte. Ich bin der Bauherr, entgegnete ich, meine Lastwagen sind schon im Anzug, Fertigteile, verstehst du, da geht alles schneller.

Das Mädchen streckte einen kleinen Zeh in die Grube, die davon gleich ganz ausgefüllt war. Da hielten mehrere Lastwagen, und Männer, die sich in einer fremdklingenden Sprache verständigten, luden umständlich große und offenbar sehr schwere Platten ab, die sie zu viert anfassen mussten, um sie zu tragen.

Da siehst du's, sagte ich zu dem Mädchen, geh jetzt zur Seite. Du störst hier den Bau.

Tu ich gar nicht, war ihre Antwort, und sie bedeutete den unter ihrer Last heranwankenden Männern, die Platten ein paar Meter weiter seitlich abzustellen. Gehorsam ließen die Männer, alle mindestens um die Vierzig, sich von den mageren Armen des Mädchens dirigieren, ein wenig ungläubig ob ihrer entschiedenen Gesten.

Du bist eine Heldin, bemerkte ich spöttisch zu ihr, als die Lastwagen wieder abgefahren waren, jetzt hab ich die ganze Baugrube umsonst ausgehoben. Sei doch still, entgegnete sie, so haben wir wenigstens Platten. Und ging die paar Schritte hinüber, wo die Männer das Baumaterial abgelegt hatten, sorgfältig Platte auf Platte. Man würde sehr große Kräne brauchen, um diese erneut zu bewegen. Das Mädchen setzte sich auf die Kante und ließ die Füße hinunterbaumeln. Ich tat es ihr gleich und ernst betrachteten wir den Sonnenuntergang, der sich gerade in Sichtweite abspielte.

Gehen wir dort hin, sagte ich nach einer Weile.

Bei Gericht

Ich sah mich als Verteidiger bei Gericht. Welchen Angeklagten vertreten Sie? fragte der Richter, an mich gerichtet, der ich mit ihm im selben Verhandlungssaal saß. Gibt es denn Zeugen? gab ich zurück, als sei dies die Antwort auf seine Frage.

Unverhofft erhob sich der Staatsanwalt. Keine Kritik an der Arbeit unserer Ermittlungsbehörden! rief er in meine Richtung, drohend, das muss ich schon sagen. Dabei fiel mir auf, dass er eine Frau war, also Staatsanwältin, nicht -anwalt, und überhaupt, Anwalt war schließlich ich! Wozu brauchen wir einen Angeklagten? erklärte ich launig, als sei die Staatsanwältin bloß ein Papiertiger, den Richter hatte ich momentan ganz vergessen.

Führt ihn endlich herein! herrschte der Richter im nächsten Augenblick zwei Gerichtspolizisten an, die mit langen Pistolen an ihren Gürteln untätig herumstanden. Sofort liefen sie Richtung Tür, die sich freilich vor ihnen schon öffnete, und ein schöner, schlanker Angeklagter mit zurückgekämmter Frisur trat ein, allen lächelnd einen Guten Morgen wünschend.

Die beiden Polizisten wichen zögernd zurück, die Staatsanwältin, die nach ihrem schroffen Ausruf vorhin gleich stehengeblieben war, bot ihm, nun ebenfalls lächelnd, doch weiblich, weiblich lächelnd, einen Platz auf der Anklagebank an. Und der Richter erhob sich, der Würde wohl des Gerichtes wegen, um diese Würde zu wahren.

Ich begrüßte den Neuen lässig mit Handschlag, als seien wir alte Freunde, zufällig hatte er ganz in meiner Nähe Platz genommen. Oder wollen wir tauschen? konnte ich mich nicht enthalten zu flaxen, doch der Angeklagte sah ernst vor sich nieder.

Es war ein schöner Frühsommertag, Ende Mai, über dem Justizpalast wölbte sich, für uns unsichtbar, ein großer, beinah unendlicher Himmel, bereit, einen Teil seiner Güte in unsern Gerichtssaal zu lenken.

Quizsendung

Ganz überraschend wurde ich zu einer Quizsendung eingeladen. Nicht als Zuschauer, sondern als Kandidat. Von einer Bewerbung wusste ich nichts oder hatte es vergessen. Alles wurde im Fernsehen übertragen, sodass man auf jedes Wort achtgeben musste. Das wurde einem auch vorher gesagt.

Ehe es in das Studio ging, kam noch die Maske. Ich sollte aber dann doch ohne Maske erscheinen, die Zuschauer wollten das angeblich so. Vor lauter Licht konnte ich kaum etwas sehen, man sagte mir aber, ich werde mich schon dran gewöhnen. Vor den Fragen musste ich Fragen zu meinem Privatleben beantworten – vor einem Millionenpublikum! Ich sagte, ich wäre verheiratet, hätte zwei Kinder, daraufhin klatschten alle, als hätte ich schon die erste Frage richtig beantwortet.

Danach ging alles sehr schnell. Ich versuchte mich dem anzupassen und antwortete jeweils sofort. Andere Kandidaten waren da langsamer, dafür wussten sie manchmal die richtige Antwort. Meine direkte Gegenkandidatin, eine Dame aus Breitengüßbach, lachte gekonnt und schüttelte ihre Haare. Ich merkte, wie die Stimmung zu meinen Ungunsten kippte. Bei meiner nächsten Antwort versuchte ich es mit einem Scherz. Ich tat also, als müsse ich lang überlegen. Dabei wusste ich gar nicht, was ich antworten würde, ich hätte einfach irgendetwas gesagt. Vor meiner Antwort, die ich noch nicht kannte, machte ich also den Scherz. Leider weiß ich nicht mehr, was es war. Riesiger Beifall jedenfalls und eine Art Tusch. Ich hatte das Quiz gewonnen. Es war anscheinend die Risikofrage gewesen.

Die Dame aus Breitengüßbach gratuliert mir, wie sie sagt, sportlich, und lächelt. Alle anderen Kandidaten applaudieren und haben kleine Trostpreise vor sich stehen. Mein Preis ist eine Zwei-Personen-Reise nach Glasgow, weil ich ja angeblich verheiratet bin.

Ich stehe auf und fühle mich großartig.

Meldestelle

Man sagte mir, ich hätte die falsche Zahnbürste benutzt, Joe habe es gesehen und gleich das Amt verständigt, die Meldestelle, die es inzwischen gebe. Für solche und ähnliche Fälle, Verstöße, da sei die neue Meldestelle sehr wichtig. Ich fragte, wer Joe sei, doch ich erhielt keine Antwort, wahrscheinlich wird eine solche Frage aus Datenschutzgründen gar nicht erst weitergeleitet.

Man weiß nie so recht, was weitergeleitet wird und an wen, angeblich ist alles ja transparent und in korrekter Sprache, abgesehen von den Fällen, in denen man keine Antwort bekommt. Fasst man seine Rückfrage nicht in der vorgegebenen, also korrekten Sprache ab, wird auch das sogleich an die Meldestelle weitergegeben, die Frage selbst natürlich bleibt ohne Antwort.

Aber so ist das mit der Gerechtigkeit. Das wird einem ja überall gesagt, dass die das Wichtigste ist. Die Welt bleibe nicht stehen, sie ändere sich, und die zuständigen Meldestellen und die dahinter tätigen Behörden haben es sich zur obersten Aufgabe gemacht, diese Änderung voranzutreiben. Von selber geschehe das sonst zu langsam, oder im schlimmsten Fall gar nicht oder in eine falsche Richtung, in eine, die nicht zur Gerechtigkeit führt.

Insofern kommt es auf jede Zahnbürste an, so auch auf meine. Und ich muss Joe sehr dankbar sein, wer immer er ist, dass er mich so genau beobachtet und alles gleich an die Meldestelle weitergegeben hat. Hoffentlich lerne ich Joe selbst einmal kennen und kann mir Tipps geben lassen von ihm, wie auch ich zur Gerechtigkeit beitragen kann.

Der Präsident

Der Präsident ist ratlos. Er hat fünfhunderttausend Soldaten losgeschickt, das kleinere Nachbarland zu überfallen, und nun kommen so viele nicht wieder. Ihm wäre das ja egal, doch zahllose Mütter weinen öffentlich und verfluchen ihn. Da kann er noch so viele Paraden und Rockkonzerte organisieren, ein unbehagliches Gefühl bleibt doch zurück. So sitzt er oft einsam hinter seinem sehr breiten Schreibtisch, der aber eigentlich leer ist. Früher stand mal ein Telefon drauf, doch das wird jetzt nicht mehr gebraucht. Die Technik ist vorangeschritten, die Kriegstechnik ebenso. Unzählige Waffen hat der Präsident entwickeln lassen, um sie gegen das kleinere Nachbarland einzusetzen. Anfangs hat er damit vieles zerstört, Wohnhäuser, Fabriken und Standorte des dortigen Militärs. Dann aber ist alles ins Stocken geraten, täglich beriet er sich mit seinen Ministern, sogar die Möglichkeit eines teilweisen Rückzugs wurde erwogen, um, wie es dann öffentlich hieß, sich taktisch neu zu formieren. Doch der Präsident wusste, dass das nur Getue war, nie würde er das kleinere Nachbarland erobern, es sei denn, er setzte die alles zerstörende A-Waffe ein. Da bliebe von dem Nachbarland nicht viel übrig, allerdings würde der sehr große Verbündete dieses

Landes, der sich bisher zurückgehalten und sich nicht direkt eingemischt hatte, dann seinerseits eine A-Waffe abwerfen, über dem Land des Präsidenten. Das, so wusste der Präsident, würde das Ende von allem bedeuten, und so hatte er es sich nicht vorgestellt, als er Befehl gab zum Angriff auf das verfluchte Nachbarland.

Das ist nun schon bald ein halbes Jahr her und der Präsident weiß nicht, was er noch tun kann. So fängt er an Bleistifte zu spitzen, die er dann in den Schubladen seines Schreibtischs verstaut. Bald sind die alle voll und er muss sich etwas anderes ausdenken. Ihm fällt aber nichts ein als sich wieder und wieder die Krawatte zurechtzurücken, er trägt nämlich stets einen feinen dunklen Anzug, dazu ein weißes Hemd mit Krawatte, gerade so als wäre er ein rechtschaffener Bürger und keiner, der andere in den Tod schickt. Immer wieder rückt er seine Krawatte zurecht, das geht so den ganzen Tag und beginnt am nächsten Morgen von neuem. Irgendwann hat er aber genug davon, sich ständig die Krawatte zurechtzurücken und so legt er die Füße vor sich auf den Tisch und betrachtet seine stets blankgeputzt glänzenden Schuhe.

Manchmal kommt einer seiner Minister herein oder ein fremder Botschafter, den er aus einer

Laune heraus vorlässt. Die empfängt er alle mit den Füßen auf seinem Schreibtisch, mittlerweile ist man daran gewöhnt. Auch wenn es eine Frau ist, die bei ihm vorspricht, macht er keine Ausnahme, die Regierungssprecherin etwa, eine stets vorteilhaft geschminkte Dame, auch ihr erteilt er seine Instruktionen in derselben Haltung, ohne dass sie daran noch Anstoß nimmt. Einmal die Woche sieht sich der Präsident genötigt, die übliche Fernsehansprache zu halten, sein Volk kennt das nicht anders, von dieser Routine getraut selbst der Präsident sich nicht abzuweichen. Die besteht nunmehr darin, dass er, in seinem Präsidentenstuhl hinter dem Schreibtisch sitzend, als erstes alle Schubladen öffnet und die ganzen, wie er betont, „selbstgespitzten" Bleistifte vorzeigt und auf sie verweist. Danach rückt er mehrmals seine Krawatte zurecht. Zu den Fernsehansprachen trägt er jedesmal eine in den drei Landesfarben, doch nie zweimal dieselbe. Und schließlich legt er, mit großer Geste, seine Füße quer übern Tisch. Worin diese Geste besteht, ist gar nicht einfach zu sagen, doch er selbst denkt es sich genau so: „Jetzt lege ich wieder mit großer Geste meine Füße quer übern Tisch." Das tut er dann also und damit ist seine wöchentliche Fernsehansprache beendet.

Längst denkt er nicht mehr an die Fünfhunderttausend oder wie viele es inzwischen sein mögen, die er über die Grenze geschickt hat, das kleinere Nachbarland zu erobern. Auch an dieses denkt er nicht mehr und es spricht ihn auch niemand mehr darauf an. Nichts davon ist noch für ihn existent. Alles was existiert, sind die gespitzten Bleistifte in seinen Schubladen, die immer wieder zurechtgerückte Krawatte und die Schuhe, die wohlgeputzten, die er nicht ohne Zufriedenheit betrachtet, nachdem er seine Füße quer übern Schreibtisch gelegt hat. Manchmal fällt ihm noch seine geschiedene Ehefrau ein, mit der er zwei Kinder hat. Die sind aber längst erwachsen und leben irgendwo, wo genau möchte er gar nicht wissen. Er hat es zu was gebracht, er ist Präsident geworden, er braucht keine Ehefrau mehr, und was seine Kinder über ihn denken, ist ihm egal. Er kann es sich leisten, sich seine Schuhe putzen zu lassen und diese fernsehwirksam über den Schreibtisch zu legen. Den Schreibtisch, an dem er nie etwas schreibt. Am Anfang waren es noch ein paar Dekrete, Invasionsbefehle und Todesurteile, inzwischen geht alles längst ohne das seinen Gang. Er hat sein Vaterland in eine Maschinerie verwandelt, die keinen anderen Zweck mehr hat als zu funktionieren. Und er, der Präsident, ist selbst Teil dieser Maschinerie geworden, er muss dazu nichts tun als auf seinem Posten zu bleiben, seine Krawatte zurechtzurücken und auf seine Bleistifte zu zeigen.

Hoffnung

Ich wollte einbrechen, stieß aber auf die Leiche eines Erhängten. Ich nahm Reißaus, wollte Reißaus nehmen. Muss dabei vor Schreck und Entsetzen geschrien haben, denn ich wurde sogleich gefasst.

Kümmert euch doch um den Erhängten! rief ich, halb in nutzloser Sorge um diesen, halb um mich selbst. Hoffte ich doch, so vielleicht noch zu entkommen.

Vorsichtig mit der Axt

Mehrfach war Eugen ermahnt worden, ja vorsichtig mit der Axt zu sein, doch er wollte einfach nicht hören. Insgeheim wartet ihr alle doch bloß auf einen Schrei, auf *den* Schrei, der eure wiederholten Warnungen bestätigt, war Eugen sich sicher. Damit ihr einander zunicken und sagen könnt: Haben wirs nicht kommen sehen?

Er sagte das aber nicht laut, um sie nicht noch mehr gegen sich aufzubringen. Zugleich schenkte er der Axt immer weniger Beachtung, manchmal vergaß er sie und lebte stunden- und tagelang so, als ob es keine Axt gäbe.

Euch zuliebe muss ich doch immer wieder mal an sie denken. Sie zur Hand nehmen und prüfen, ob alles noch ganz ist an ihr. Ihr wärt sonst nur enttäuscht und würdet an der Welt zweifeln.

Hirnlosers Lächeln

Die junge Frau, die dem alten Hirnloser, als er jung war, über die Maßen gefallen hatte mit ihrer Art, in einer einzigen raschen süßen Bewegung ihren Slip auszuziehen, im Stehen, bevor sie sich niederlegte zu ihm, war also des jungen Hirnlosers Mutter geworden. Allerdings blieb sie diesem nicht lange erhalten und dem alten Hirnloser ebensowenig, der eine Zeitlang darüber Verse dichtete: *alles schöne ist flüchtig/die welt ein zugiger schuppen,* so in der Art. Er überwachte die Schulnoten des Sohnes, die ungefähr waren wie seine, und als ihm der Bart wuchs, schenkte er ihm einen Rasierer. Du hast das Haar und die Augen von deiner Mutter, sprach er zu ihm, sah ihn an und zog eine Schublade auf mit Fotos, die er von ihr gemacht hatte in der kurzen Zeit ihrer Verbindung.

Der Sohn ging dann zur See und kam lange nicht wieder. Derweil wurde der alte Hirnloser alt und sah sich die Bilder von damals viel zu oft an, auch solche, die er dem Sohn nicht gezeigt hatte, weil den das Schamhaar der Mutter nichts anging und ihre Schenkel und nicht das Lächeln, das sie dem alten geschenkt als er jung war. Darüber wurde er philosophisch und hörte auf zu hadern mit dem Verlust. Sie ist ein Geschenk wie der Sohn eines ist, mag er auch lange auf See sein, womöglich für immer, man hat es doch gut mit mir gemeint.

Wer aber ist dieses *man*, grübelte er, das einem gibt und wieder nimmt, und er schlug sich selbst vor die Stirn als er draufkam, dass es darauf nicht ankommt, und er schrieb auf die Rückseite eines der Fotos den Satz *Das Geschenk ist zu ehren* und fand ihn passend und künftig lächelte er, wenn er eines der Bilder zur Hand nahm.

Da kehrte auch sein Sohn von der Seefahrt zurück und eröffnete ein kleines Geschäft, einen Laden für Matrosenbedarf, in dem der Alte gelegentlich aushalf. Die meiste Zeit aber saß er vor der Tür und lächelte, sodass das Geschäft bald sehr gut lief, die Leute gingen gerne dort aus und ein, auch wenn sie nichts brauchten an Matrosenbedarf. Nach wenigen Monaten heiratete der junge eine ebenso junge Matrosin, was den alten endgültig aussöhnte mit seinem Geschick und er blieb immer öfter vor der geöffneten Tür sitzen bis in die Nacht und er sprach mit den Sternen, bis Nachbarn ihn irgendwann wegtrugen.

Aber das Lächeln blieb dort, und seine Enkel spielten damit.

Teil 2

Kombiniere:

Jeder Engel ist schrecklich

Der Tod der Königin

Es hieß, die Königin sei gestorben, doch was sollte diese Meldung bedeuten? Sie konnte doch nicht sterben, als Königin. Niemand im Königreich vermochte sich an eine Zeit zu erinnern, zu der es die Königin noch nicht gab. Die Königin war immer schon da gewesen. Wie sollte es nun weitergehen im Königreich? War es das überhaupt noch – ein Königreich?

Die Menschen liefen umher. Erkannten einander aber nicht mehr. Alle waren sich fremd geworden. Ja, auch sich selbst. Wer sind wir noch? fragten sie sich, jeder für sich allein. Es waren aber keine Antworten zu haben. Und wenn, dann widersprachen sie einander. Das war so schmerzlich, dass die Menschen aufhörten Fragen zu stellen. So gab es also auch keine Fragen mehr.

In der Not sangen sie alte Lieder. Erst eines, dann mehrere, viele. In den Stimmen fanden sie zueinander. Egal, was die Lieder besagten. Die Königin lebte in ihnen.

Engel

Engel vergaßen ihre Trompeten. Was sollen wir jetzt ohne sie tun? beratschlagten sie. Das Trompetenamt hatte schon zu, da war also auch nichts zu machen.

Ein Mensch kam vorbei und besah sich die Bescherung. Die Engel wussten nicht, ob sie miteinander streiten oder traurig sein sollten. So ließen sie abwartend die Köpfe hängen. Und ja, auch ihre Flügel.

Habt ihr Verdruß gehabt? wandte der Mensch sich an sie. Er hielt es für angebracht, seine Worte sorgfältig zu wählen.

Da erscholl ein Trompetenton, wie aus weiter Ferne. Die Mienen der Engel hellten sich auf. Die Unendlichkeit ruft uns! erklärte ein freundlicher Engel dem Menschen, Ihnen noch eine gute Zeit! Das sagte er schon im Gehen.

Oder im Fliegen, oder wie man die Fortbewegung der Engel bezeichnen soll.

Kombiniere: Jeder Engel ist schrecklich

Ich versorgte Rilke mit Literatur, er hatte wenig zu lesen. Die Bände in der Schlossbibliothek zu Duino kannte er alle längst auswendig, und von Lou kamen nur selten noch Briefe.

So brachte ich ihm „Nick Knatterton" und andere Comics, dazu die karierte Knatterton-Mütze, die ich in Triest in einer Hafenkneipe hatte mitgehen lassen. Die trug er nun häufig, auch begann er Sätze jetzt manchmal mit „Kombiniere", so etwa „Kombiniere: Jeder Engel ist schrecklich".

In Duino war er ziemlich auf sich gestellt, allein mit einer Haushälterin, die am Spätnachmittag das Schloss verließ. Ich war also fast sein einziger Besucher, brachte ihm, wie gesagt, Bücher oder besser gesagt Hefte, manchmal auch eins dieser Sexmagazine, Kreuzworträtsel lehnte er ab. Ansonsten schwiegen wir und sahen aufs Meer. Die Fenster des Schlosses gehen auf die weite Bucht hinaus, was sollten wir angesichts dessen groß reden.

Rilke rauchte dann seine Knatterton-Pfeife und hatte die Füße in Fußwärmern stecken, die Zimmer dort sind nicht gut beheizt. Jeden Sonntagnachmittag erschien ein italienischer Fremdenführer, der, von einer nur undeutlich sichtbaren

Besuchergruppe umringt, erklärte, der tschechoslowakische Poet Rilke habe hier eine Zeitlang gelebt und ein berühmtes Gedicht geschrieben. Er habe es selbst mal zu lesen versucht, sei aber mit dem österreichischen Humor nicht klargekommen. Im Grunde sei Rilke Schweizer gewesen, spätestens bei seinem Tod. Und er rezitierte den Anfang der ersten Elegie auf Italienisch:

> Chi se io gridassi mi udirebbe mai
> dalle schiere degli angeli
> ed anche se uno di loro al cuoro mi prendesse,
> io verrei meno per la sua più forte presenza.

Das sind hier so meine Séancen, meinte Rilke lächelnd und zog an seiner Pfeife. Um sich für meine Knatterton-Lieferungen zu revanchieren, las er mir gelegentlich Artikel aus der „Gazzetta dello Sport" vor, Spielberichte von Partien der Seria A. Das kam meinem kärglichen Italienisch zugute, praktischerweise fasste er den Inhalt am Schluss jeweils noch kurz auf Deutsch zusammen. Rilke war eingefleischter Milan-Fan, ich hielt es mehr mit Juventus. Die Gazzetta habe er 1912 schon abonniert gehabt, seither werde sie täglich ins Schloss geliefert. Meist fingen jedoch die Gärtner sie ab.

Auf mich wirkte der Garten recht leblos, Rilke begleitete mich nur widerstrebend, wenn ich doch mal hinunterwollte. War früher hier mehr Betrieb? konnte ich mich nicht enthalten zu fragen. Rilke zuckte die Achseln. Bin nicht mehr oft unten gewesen, mit der Fürstin von Thurn und Taxis ein paarmal, das waren angeregte Gespräche. Kommt sie denn gar nicht mehr her? fragte ich. Rilke wusste es nicht. Es gebe Gerüchte, sie habe das Schloss verkauft und er sei versehentlich mit verkauft worden.

„Kombiniere: Wahrscheinlich bin ich deswegen immer noch hier."

Anmerkung: Nick Knatterton war in den 50er Jahren des 20. Jahrhunderts eine im deutschen Sprachraum populäre Comicfigur.

Pferdefiguren

Was soll ich denn damit? ruft der Wolf enttäuscht aus und klappt den Koffer der Großmutter zu. So ungestüm, dass sein einziger Inhalt, zwei goldbraun glänzende Pferdefiguren herausfallen und sich auf dem Fußboden überschlagen, wo sie schräg übereinander zu liegen kommen. Das Rotkäppchen lacht hell auf. Soeben hat der Wolf die Großmutter gefressen und nun schaut er, was er von ihren Hinterlassenschaften brauchen kann. Ödes Gerümpel! knurrt er, na vielleicht kannst ja du was damit anfangen. Ich jedenfalls nicht!

Das Rotkäppchen lächelt. Nee, Lieber, bin schon zu groß, um noch mit Pferdchen zu spielen. Hättst du die Großmutter nicht gleich gefressen, hättst du sie noch fragen können, was es mit den Figuren auf sich hat.

Der Wolf geht nicht darauf ein. Beide sitzen im wohlaufgeräumten Wohnzimmer der Verblichenen auf dem Boden. Zu deren Lebzeiten hätte das Rotkäppchen sich das niemals getraut. Immer brav auf dem Sofa sitzen! Auf der Kante natürlich, Gelümmel wird nicht geduldet. Und nur in blitzsauberer Kleidung! Ja, sie war schon eine Strenge, die Großmama. Aber was hilft ihr alles Strengsein jetzt? Wohlig streckt der Wolf sich auf dem

Teppich der toten Großmutter aus. Jetzt kannst ja du hier einziehen, meint er gönnerhaft und gähnt gleich dreimal hintereinander. Werd' ich sehen, gibt das Rotkäppchen zurück, etwas abgelegen ist es hier schon. Leicht gelangweilt nimmt sie nun doch eine der beiden Figuren in die Hand, um sie näher zu betrachten. Vielleicht sind die was für Tante Agathe, sagt sie, die hängt immer auf Flohmärkten rum.

Flohmärkte! Der Wolf schüttelt sich vor Lachen. Die sind doch aus purem Gold, die Figuren, siehst du das nicht? Das Rotkäppchen verzieht das Gesicht. Sie mag es nicht, veräppelt zu werden. Vielleicht ist ja der Koffer was wert, sagt sie. Was die Großmutter damit wohl für Reisen gemacht – – – ? Auf jeden Fall mehr als die beiden Ackergäule! fällt ihr der Wolf ins Wort. Behalte ihn doch. Ich kann ihn wegen der Farbe nicht nehmen. Das Rotkäppchen lächelt, als sie sich den Wolf als Reisenden mit rotem Koffer auf einem Bahnsteig vorstellt.

Und sich selbst sieht sie gleich auch vor ihrem inneren Auge. Am Arm des Wolfs, Omas Köfferchen tragend. Angezogen wie ihre Großmutter, als die jung war. So genau weiß sie nicht, was damals Mode war, aber sie stellt sich selbst in einem Fantasiekostüm vor, das aus dieser Zeit stammen könnte. Sogar ein Hütchen trägt sie auf dem Kopf.

Der Wolf ist in einen hellen Regenmantel gehüllt und wirkt ganz stattlich an ihrer Seite. Etwas windig allerdings auch. Ja was denn nun, stattlich oder windig – egal, langweilig auf gar keinen Fall! Und wohin reist man als junges Paar mit solch einem Koffer als einzigem Gepäck? Nach Paris bestimmt, oder mindestens Lissabon. Während daheim zwei einsame Holzpferde grasen. Das eine grast, das andere guckt bloß verschlafen. Großmutters Zuhause vielleicht. Ein Gut oder ein Bauernhof, die Großmutter hat wenig über ihre Herkunft gesprochen.

Was träumst du? holt die stets etwas näselnde Stimme des Wolfs das Rotkäppchen wieder zurück. Du hast bestimmt an etwas Schönes gedacht. Erzähl mir davon! Da ist es wieder, das wenig einfühlsame Wesen des Wolfs, seine – nun ja – Zudringlichkeit, die es nicht duldet, wenn sie mal ganz für sich sein, ihre Gedanken und Gefühle mit niemandem teilen mag.

Ich – – – habe an die Großmutter gedacht. Mir vorgestellt, wie sie wohl früher war. Als junge Frau. Unterwegs mit dem Koffer.

Woran sie sonst noch gedacht hat – dass auch er, der Wolf, darin vorkam, behält sie für sich. Er braucht wirklich nicht alles zu wissen.

Schlüsselbeine

Erna wacht nachts auf und vermisst ihre Schlüsselbeine. Beim Zubettgehen hat sie sie noch gehabt, da ist sie sich sicher. Kann man Schlüsselbeine einfach so verlieren? Erna sucht ihr Bett ab, im Schein der Nachttischlampe. Nirgends ein Schlüsselbein zu entdecken. Die können doch nicht spurlos verschwinden! schimpft Erna halblaut vor sich hin. Vom Klang ihrer eigenen Stimme ermutigt, ruft sie nun laut: „He, Schlüsselbeine, kommt hervor, ihr seid entdeckt!" Und erwartet einen Moment lang tatsächlich, dass diese hervorkommen, mit hoch erhobenen Händen. Doch nichts dergleichen geschieht. Erna setzt sich aufrecht im Bett. Ist das ihr gewöhnliches Zimmer? Ist es nicht vielmehr ein Schloss? Gewiss, das muss so sein. Eine Chance, ihre Schlüsselbeine wiederzufinden, hätte sie nur in einem Schloss. Aber welches könnte es sein? Nicht in jedes Schloss passt ein Schlüsselbein. Wenn es das von Kafka wäre! Ja, dann wäre sie jetzt darin. Prüfend betastet sie die Partie unterm Hals. Wo sonst die Schlüsselbeine saßen. Sie spürt etwas, das könnten sie sein. Wieder da? Ach, wäre es so! Ungehalten löscht Erna das Licht und schläft wieder ein.

Catch the Rainbow

Im Frühjahr des Jahres 1975 weilte die Rockband Rainbow zu Plattenaufnahmen in München. Eines Mittags kamen die fünf Musiker auf die Idee, dem berühmten Hofbräuhaus einen Besuch abzustatten. Sie setzten sich in eine Ecke des geräumigen Gasthauses, tranken Bier aus den dort üblichen sehr großen Gläsern, und Ritchie Blackmore, der Gitarrist, bestellte sich eine Hax'n. Über die Lautsprecher lief Volks- und Schlagermusik, was nicht gerade dem Geschmack der Fünf entsprach, aber sie grinsten und meinten, das gehöre hier wohl dazu. Als ein Lied von Roy Black gespielt wurde, begann der Sänger der Band, Ronnie James Dio, sogar ein bisschen mitzusingen, erst mehr ironisch und leise, dann zunehmend lauter, so dass die anderen Tische ihr Biergespräch unterbrachen und Ronnies schöner kräftiger Stimme lauschten, die mehrere Oktaven mühelos beherrschte.

Auch der Geschäftsführer wurde aufmerksam und ließ sich vom Kellner darüber belehren, dass es sich bei den fünf Herren dort in der Ecke um international bekannte Musiker handelte. Nach dem Roy-Black-Lied stand er mit verlegener Miene an ihrem Tisch, eine billige Akustikgitarre in Händen. Please, who of you ist der Guitarist Player? radebrechte er, worauf Blackmore in die Luft schaute, als könne er nicht gemeint sein. Der da, deutete der Bassist aber auf Ritchie, der Bassist nämlich hieß Gruber und konnte Deutsch. Blackmore warf Gruber einen vernichtenden Blick zu, griff indes doch nach der Klampfe und spielte mit mürrischer Miene ein paar Töne darauf. Der Geschäftsführer lächelte und brüllte „Die Musik aus!", worauf das Lautsprechergedudel verstummte und es im ganzen Saal still wurde.

Und Blackmore spielt die ersten Takte des Lieds „Catch the Rainbow", das die Band am Tag zuvor im Musicland Studio aufgenommen hat. Dio fällt ein und singt den von ihm geschriebenen Text dazu. So spielen sie das ganze, sehr langsame Lied. Am Ende erheben sich viele der Gäste und applaudieren.

Unter ihnen ein schmächtiger Mann mit Stummelbärtchen, der sich, Anfang der 20er Jahre, an einem der Tische Notizen für die politische Hetzrede macht, die er am Abend oben im Großen Saal halten will. Unter dem Eindruck des Liedes aber zerreißt er den eng beschriebenen Zettel und nimmt für immer Abstand von seinen irrwitzigen Plänen.

Gewiss

Man kann allem nicht glauben! ruft Kwittung und birgt seinen Kopf in den Armen.

Wem kann man nicht glauben? fragt Prottung, betroffen vom Betragen des Freundes.

Was so gesagt wird! fährt Kwittung auf. Überhaupt allem!

Und dass wir Freunde sind, dem also auch nicht? ist Prottung gleich mit einer gezielten Frage zur Hand.

Man kann es glauben – oder auch nicht, lautet die Antwort des Kwittung. Es ist immerhin möglich.

Dann gib dich mit dem Möglichen zufrieden, versetzt Prottung ungewohnt weise, obwohl ihm Kwittungs Rede zu Herzen geht. Anstatt Gewissheiten nachzujagen, die es nicht gibt.

Da sagst du es ja! ruft Kwittung nun aus, fast schon unter Tränen, und zeigt mit dem Finger auf Prottung.

Was sage ich? bewahrt dieser die Fassung, wiewohl er es kaum mehr erträgt. Und dass wir reden, über das alles, ist das nichts wert, gemäß deiner Meinung?

Nun schweigt Kwittung, doch kann man sehen, dass er innerlich nickt.

Ja, dass wir reden und nicht drüber schweigen, das ist wirklich gewiss.

Forderungen

Kwittung und Prottung bekamen es erneut mit Frau Schober zu tun. Frau Schober erschien, in einem adretten Kostüm, und stellte ihre Forderungen.

Wir haben gar nichts davon gewusst, dass diese Forderungen bestehen, sagte Kwittung nach einer Pause, und Prottung ergänzte: Sind Sie sicher, dass Sie *uns* mit diesen Forderungen meinen, könnten diese nicht vielmehr an andere Personen gerichtet sein?

Ein Irrtum ist ausgeschlossen, erwiderte Frau Schober barsch und unterstrich ihre Bemerkung mit einer alle Einwände abschneidenden Handbewegung. Nun ist guter Rat teuer, wandte sich Kwittung an Prottung, zu einer alten Redensart Zuflucht nehmend. Vielleicht sollten wir Breitung einschalten, der kennt sich in solchen Sachen doch aus.

Anstatt zu antworten, atmete Prottung nur tief ein und aus, und Frau Schober überhörte die Äußerung. Es schien ihr ganz gleichgültig zu sein, was Kwittung und Prottung hier diskutierten, sie wollte ihre Forderungen erfüllt sehen und sonst gar nichts.

Und wenn wir – – – nicht darauf eingehen? wagte Kwittung zaghaft zu fragen. Frau Schober lachte kurz auf. Dann werde ich die Sache öffentlich machen. Und Sie können sich ausmalen, wie Sie beide in den Medien dastehen werden. Ich habe – wie Sie wissen – beste Verbindungen zum öffentlich-rechtlichen Rundfunk sowie zu einflussreichen Verlagshäusern. Ihr werdet dann wünschen, ihr hättet niemals gelebt, das könnt ihr mir glauben!

Niemals gelebt, wiederholte Prottung mechanisch. Ist denn der Rundfunk nun Herr über Leben und Tod? Frau Schober verdrehte bloß kurz die Augen, anstatt diese Bemerkung noch einer Antwort zu würdigen.

Sie hat sichtlich keine Geduld mehr, ihr „reißt der Geduldsfaden", so will es Kwittung fast bildlich erscheinen. Und, kaum zu glauben, kurz findet er Trost in dem Bild, das, obwohl es nichts Gutes für ihn und Prottung verheißt, doch ein stimmiges Bild ist, ein letzter Halt in der Welt.

Termin

Kürzlich, für mich selbst unerwartet, traf ich wieder mit Fuchtler zusammen. Normal hat Fuchtler ja keine Termine, ständig ist er „belegt", wie er es nennt, doch diesmal habe sich eine „Lücke" gezeigt, in die er mich gleich „hineingenommen" habe. Nicht dass ich etwas von Fuchtler gewollt hätte, ein „Anliegen" oder so hatte ich nicht, doch wer wollte es ausschlagen, wenn Fuchtler einem einen Termin offeriert? So saßen wir einander nun gegenüber, Fuchtler und ich, und schwiegen. Das war mir neu, dass er auch schweigen kann. Bei mir ist das nichts Besonderes, ich schweige meist sowieso, was hätte ich auch zu sagen, doch Fuchtler, bei seinem Wissen sollte er unentwegt reden, ganz gleich worüber, auf Inhalte kommt es bei Fuchtler eigentlich gar nicht an. Wenn Fuchtler spricht, achtet kein Mensch auf den Inhalt, allein schon die Art, wie er redet, wirkt unheimlich überzeugend und jeder fühlt sich dadurch erhoben. Als werde man Teil seiner Aura.

So wird zumindest ständig versichert, und, so war schon zu lesen, wenn Fuchtler mal sterbe, werde er eine Lücke hinterlassen, die schlechterdings nicht zu schließen sei. Zum Glück aber sei es ja noch nicht so weit, längst nicht so weit, Fuchtler erfreue sich bester Gesundheit, sein Arzt sei begeistert von ihm, ein wahrer Bilderbuchpatient sei er, oder vielmehr gar kein Patient, ihm fehle ja nichts, es sei schon fast wieder beunruhigend, wie Fuchtler, bei all der Anspannung, unter der er zweifellos stehe, stehen müsse angesichts der ungezählten Aktivitäten, in die er involviert sei, völlig makellos bleibe, was seine Gesundheit betrifft.

Nun saß ich also Fuchtler gegenüber und wir beide schwiegen. „Fuchtlern" hätte ich beinah geschrieben, in einem längst ungebräuchlich gewordenen Dativ: „Fuchtlern" säße ich gegenüber, das würde ihm zweifellos gefallen, der er doch, bei aller Modernität. ja bei allem Seiner-Zeit-voraus-Sein doch auch etwas Archaisches hat, etwas, sagen wirs offen, Überzeitliches, sodass er auch schon als „der ewige Fuchtler" bezeichnet wurde – macht das die schwer zu ergründende Wirkung Fuchtlers nicht auch mit aus? So saßen wir einander also gegenüber, Fuchtler und ich, wie zwei Schachspieler, bloß ohne Schachbrett und ohne Figuren. Fuchtler gegenüberzusitzen, das heißt schon etwas, Fuchtler, um den alle sich reißen, sitzt mir gegenüber, mir, der gar nichts zu sagen hat, anderen nicht und ihm, Fuchtler, schon gar nicht, mein Gott, was hätte einer wie ich Fuchtler zu sagen! Indes schwieg auch er, Fuchtler begab sich mit mir auf dieselbe Stufe, griff auf kein einziges seiner vielfältigen Talente zurück, verzichtete darauf, Fuchtler zu sein, als Fuchtler zu gelten, bewundert, ja angebetet zu werden als Fuchtler.

Stattdessen saß er mir gegenüber, in sich gekehrt, auf seinem Gesicht ein ganz unfuchtlerisches Lächeln, die Andeutung eines Lächelns, das nirgendwo hin gerichtet schien, am ehesten noch nach innen. Keinesfalls galt es mir, der ich ihm gegenübersaß und genau in dieses Lächeln blickte. Das dauerte an, irgendwann hörte ich auf mich zu wundern, zu fragen, warum Fuchtler nicht redet, sondern nur lächelt, oder war dieses Lächeln womöglich mehr als ein Reden? Je länger es andauerte, desto mehr kam es mir vor, als habe Fuchtler lediglich die Disziplin gewechselt, als wolle er zeigen, dass er nicht nur im Reden, nein auch im Schweigen unschlagbar sei.

Ein Schweigen, das noch gekrönt wurde durch ein angedeutetes Lächeln, das nichts Aufgesetztes hatte, sondern genau richtig bemessen war, ohne richtig bemessen zu wirken. Absichtslos sollte es aussehen, und das tat es auch. Natürlich versuchte ich mitzulächeln, doch ich spürte sogleich, wie kläglich mir das misslang.

Korrigieren

Jetzt kann ich nichts mehr korrigieren.

Es ist nun mal so gelaufen, wie soll man da jetzt noch was korrigieren.

Dazu ist es zu spät, vorher hätte ich korrigieren sollen, dann wäre alles anders gelaufen. Doch wie kann man vorher wissen, wie's läuft? Und das müsste man doch um zu korrigieren.

Nachher ist es zu spät, man weiß zwar, wie es gelaufen ist, doch es ist schon gelaufen, und nichts gibt es mehr zu korrigieren.

Am schlimmsten ist, wenn man nicht weiß, wie es gelaufen ist. Es ist alles gelaufen, doch weiß man nicht wie, und man möchte gern alles noch korrigieren. Denn es könnte ja schlecht gelaufen sein. Vielleicht ist alles auch bestens gelaufen und man dürfte jubeln oder wenigstens atmen, also freier atmen und nicht so gepresst. Doch man traut sich nicht freier zu atmen, denn es könnte ja schlecht gelaufen sein und man möchte am liebsten noch korrigieren.

Obwohl man weiß: Es ist schon alles gelaufen. Man atmet nicht auf, man denkt ständig in seinen Kopf hinein. Dabei ist ja vielleicht gar nichts gelaufen, niemand hat etwas bemerkt. Man stellt sich weißgott etwas vor: Wie die anderen jetzt reagieren, dabei nahm niemand im geringsten Notiz.

Es ist so gut wie gar nicht geschehen, und man sitzt da und will immer noch korrigieren.

Schublade

Ich könnte in die kleinere Schublade kriechen, um dort nach dem Rechten zu sehen. Die kleinere, es gibt ja verschiedene Größen. Schränke dieser Art werden heut kaum mehr gebaut, wahrscheinlich braucht sie auch niemand. Ich wüsste selbst nicht, wozu ich sie brauchen könnte, außer zum Hineinkriechen eben.

Stimmt, ich wollte dort nach dem Rechten sehen. Wie lang ist das nicht mehr geschehen! Mein Urgroßvater mag vielleicht noch hineingekrochen sein, mein Großvater bereits eher nicht mehr, und mein Vater gewiss nicht. Und was die Mütterlinie betrifft: Frauen mögen sonst viel nach dem Rechten sehen, allenthalben. Aber in solchen Schubladen nicht. Das bleibt den Männern vorbehalten, als ihre, sagen wir, Pflicht. Doch hat sich mein Vater darum geschert? Ich glaube, er wusste nicht mal, dass diese Schublade existiert. Mein Großvater wird sie ihm mal gezeigt haben, als er noch jung und halbwüchsig war. Ja, und das war es dann und er hat sie wieder vergessen.

Nach dem Rechten wollte ich sehen. Doch wie mich so klein machen, dass ich dort hineinpasse? Denn nur von innen kann man sie überblicken. Oder nicht überblicken, in Tuchfühlung treten mit dem, was darin ist. Überblicken geht auch von außen, man zieht sie raus und schaut rein. Ein unvergleichlich roher Vorgang! Sieht man so nach dem Rechten? Man glotzt. Hineinkriechen muss deshalb schon sein. Sich durch die Dinge hindurchzwängen, wie Katzen das gerne tun. Fühlung aufnehmen, mit allen Sinnen.

Wonach es hier riecht? Was hat mein Urgroßvater gerochen? Vermutlich hat er sich längere Zeit darin aufgehalten. Wer einmal drin ist, will so schnell nicht wieder raus. Drinbleiben für immer. Aber das hieße nicht, nach dem Rechten zu sehen. Wer nach dem Rechten gesehen hat, der nimmt seine gewohnte Lebenstätigkeit wieder auf. So weit bin ich noch längst nicht.

Reservat

Um einiges älter als meine Großeltern, wuchs ich irgendwo auf. Es ging mir passabel und ich erteilte ihnen Ratschläge, meine Urgroßeltern betreffend. Die wollten aber nicht hören. Ja, ja, man hat es nicht leicht mit den Kindern, klagte ich meiner vierten Ehefrau, die ich mit siebzehn geheiratet hatte. Und sie pflichtete mir bei, besaß sie doch vierzehn davon.

In mir wuchs indes eine Art Unwillen gegen das Paar, das sich als meine Eltern ausgab und ich zerdepperte eines Weihnachtsabends eine goldgeränderte Teetasse, angeblich ein altes Familienerbstück – wie ein richtiger Rowdy. Ansonsten betrugen sich alle recht leidlich und folgten meinen Anweisungen als Kopf und Oberhaupt der Familie. Oder des Stammes, wir lagen über die Bezeichnung ständig im Streit.

Die so genannte Zivilisation ist dabei, eine jahrtausendealte Ordnung zu zerstören, dozierte ich in meinem Taube-Ohren-Sessel, den unser Familienwappen zierte.

Man wird für die Menschen ein Reservat einrichten müssen, befand mein geistig reger Neffe, und wir lachten beide darüber.

Nebel

In diesem Nebel sieht man kaum die Hand vor Augen. Wohin man schaut, nur Nebel. Aber halt, die Sonne muss doch irgendwo sein! Wo hab ich nochmal mein Auto geparkt? Ich hatte doch eins, so ein großes, helles. Ich fahre ohne Führerschein, da hab ich weniger Gepäck. Aber wenn ich es jetzt nicht finde? Vielleicht finde ich stattdessen den Führerschein. Ich hatte doch einen? Wenn nur die Sonne hervorkäme! Man tut sich dann einfach leichter. Zumal mit dem ganzen Gepäck. Ich hätte nicht so viel mitnehmen sollen. Jetzt steh ich da und hab die Hände voll mit dem ganzen Gepäck. Ich hätte nicht soviel mitnehmen sollen. Ach so, das hab ich ja schon gesagt.

Weiß gar nicht, was da alles drin ist. Man denkt immer, man braucht so viel. Was man wirklich braucht, sagt einem ja niemand. Der liebe Gott oder wer. Jedenfalls von ganz oben. Man stellt sich allerhand vor. Wenn man schon nichts sieht, wegen Nebel, stellt man sich eben was vor. Wo ist jetzt das ganze Gepäck? Eben hatte ich es doch noch. Ah, da steht ja mein Auto! So schön groß und weiß. Ist es weiß? Immerhin hell. Wie bin ich jetzt da hergelaufen? Geradewegs zu meinem Auto. Es ist doch meins? Jetzt kommt auch noch die Sonne heraus. Wie das blendet! Eben hab ich sie noch vermisst, jetzt ist sie mir beinahe lästig. Die Sonnenbrille. Muss in meinem Gepäck sein. Irgendwas sucht man immer.

Mannheim

Ein Bekannter hat kürzlich gesagt, man müsse nach Mannheim. Weiß nicht mehr, wer das gesagt hat, vielleicht hab ich ihn auch gar nicht gekannt. Aber gesagt wurde es. Mannheim. Mannheim sei jetzt das neue Ziel. Ich weiß nur nicht, ob ich nach Mannheim will. Das spiele gar keine Rolle, sagte der, ders gesagt hat. Als ob er zugehört hätte. Hat er zwar nicht, trotzdem schien er um meine möglichen Einwände zu wissen. Zuhören tut so einer nicht, dafür ist er nicht gebaut. Immer mehr von solchen, die einem was sagen, sind jetzt gebaut. Auch das hab ich irgendwo gehört oder gelesen. Weiß nicht genau, was das bedeutet: „gebaut", doch irgendwie wird es schon stimmen. Ich habe mich schon gefragt, ob ich jetzt auch gebaut bin. Das wäre immerhin möglich. Man ist gebaut, und hat es gar nicht bemerkt. Es hilft nichts, man muss einfach ganz genau hinsehen.

Unterwegs

Was, wenn ich unterwegs einem Geigenbauer begegne am S-Bahnhof. Schließt mit 'nem Violinschlüssel die S-Bahntür auf, und wir ziehen tätowierte Gleise hinter uns her, solange wir fahren.

Aber wir fahren gar nicht, wir singen und zaubern uns Hüte, weil wir Kaninchen sind, unsere Ohren eingeklemmt in die S-Bahntür.

Irgendwann fahren wir doch. Als wär' die S-Bahn ein Kino, betrachtet uns ein sitzendes Mädchen im Kommunionskleid, und greift immerzu in ihre Popcorntüte.

Teil 3

Macht ja nichts

Ganzheit

Wenn man, was eher selten vorkommt, noch alle Tassen im Schrank hat, sollte man den Schrank möglichst nicht schütteln oder gar umwerfen. Geschieht dies aber doch und mehrere Tassen fallen heraus, ist es geboten, den Schrank schnell wieder zu schließen, damit ein Grundbestand zumindest erhalten bleibt.

Jede Tasse im Schrank zählt! Mögen auch wenige nur erhalten sein, so tragen diese doch die Erinnerung an jene Ganzheit in sich, die der Schrank ursprünglich barg.

Da sie, die verbliebenen Tassen, noch von der einstigen Ganzheit wissen, besteht für sie kein Mangel: In ihrer Vorstellung sind alle Tassen noch da. Und wenn sie, vom Dunkel des Schrankinnern dazu verleitet, manchmal zu träumen beginnen, geraten sie gar ins Tanzen.

Anzeige

Der Neue Schmalstieg ist da! Druckfrisch und brandaktuell. Für alle Schmalstieg-Enthusiasten ein Muss!

Einsteigern empfehlen wir den Kleinen Schmalstieg, der alles enthält, worauf Schmalstieg-Kenner seit Jahrzehnten nicht verzichten möchten.

Oder Sie greifen gleich zu ihm: dem Großen Schmalstieg, mit allen Hintergrundinformationen, Doppelversionen und verworfenen Textvarianten.

Wem das nicht reicht, dem sei zum Ganzen Schmalstieg geraten. Hier finden Sie wirklich alles, was Sie sonst nirgendwo finden und was Sie bestimmt nie vermisst haben.

Weiterhin im Programm, jedoch nur noch begrenzt lieferbar: Der Edle Schmalstieg, in Ganzleder mit Goldprägung. In dieser Ausfertigung ist in einer Sonderedition einmalig auch der Verbotene Schmalstieg erhältlich – nur gegen Vorbestellung mit Altersangabe.

Für politisch bewusste Menschen: Der Schmalstieg in Gerechter Sprache. Mit allen nur erdenklichen Satzzeichen und Wortagglutinationen, völlig unverständlich und bizarr, doch damit sind Sie voll auf der Höhe der Zeit!

Zu guter Letzt legen wir Ihnen noch den Leeren Schmalstieg ans Herz: Ganz ohne Inhalt, für Leser mit Phantasie.

Bücher

Ich habe zu viele Bücher. Weiß nicht, wofür ich so viele brauche. Es werden auch immer mehr. Sie stecken im Briefkasten, irgendwer steckt sie dort hinein. Ab und zu blättere ich in ihnen, ich habe auch schon welche gelesen, eigentlich viele sogar. Davon werden die Bücher aber nicht weniger. Sie verschwinden nicht durch das Lesen, sie bleiben so wie sie sind. So gesehen bringt das Lesen also nicht viel, doch ich will es trotzdem nicht lassen. Nur wird der Platz immer weniger, überall sind ja die Bücher. Ich habe versucht im Stehen zu lesen, bloß irgendwann muss ich das Buch wieder aus der Hand legen – aber wohin?

Es wird also immer schwieriger. Ich habe schon daran gedacht, auf Bücher ganz zu verzichten. Ich wüsste sogar jemanden, der sie abholt, mein Gärtner, der nebenher allerlei Geschäfte betreibt. Ein Anruf, und sie wären weg. Tja, und dann? Alles würde wieder von vorne beginnen, ich würde die verlorenen Bücher nochmal bestellen, und nach kurzer Zeit wäre alles wie vorher.

Deshalb will ich vielleicht in ein Kloster gehen und alles hier hinter mir lassen. Nicht als Mönch, ich bin ja nicht mal katholisch, nur so als Gast, während der Gärtner hier alles im Auge behält.

Darüber muss ich noch nachdenken. Die Stille des Klosters! Und sie hätten dort genug Bücher in ihrer Bibliothek, ich bräuchte gar keine eigenen. Das wären wahrscheinlich mehr geistliche Texte, doch mir kommt es mehr auf die Sprache an, wenn ich lese. Was drinsteht, ist nicht so wichtig. In der Sprache, glaube ich, würde ich jenen Halt finden, der mir hier immer mehr fehlt.

Auskünfte

So viel gab es gar nicht zu sagen, und man redete doch. Zugleich wurde geschwiegen. Eine Kellnerin räumte ab, doch davon hörte es auch nicht auf. Einer wollte trotzdem schon gehen, ein anderer hielt ihn zurück. Alle schwiegen erneut eine Zeitlang, dann redeten sie fast durcheinander.

Die Kellnerin kam zurück, wollte kassieren, setzte sich einem dazu auf den Schoß. Wie bei Kafka! rief einer und zwei oder drei lachten. Ich heiße aber nicht Frieda, sagte die Kellnerin und klapperte mit den Münzen. Behalte sie doch, schob ihr einer was mit großer Geste quer übern Tisch. War das alles, worüber wir hatten sprechen wollen? dachten wohl einige, sagten aber sonst nichts. Es geht auf ein Uhr, ließ einer verlauten, als könne er die Wanduhr sehen, die über der Theke hing. Allerdings saß er mit dem Rücken zu ihr. Dafür aber dicht bei der Kellnerin, die den neben ihm Sitzenden gerade abkassiert hatte. Gleich würde sie bei ihm abkassieren. Gespannt blickten die anderen zu ihm herüber, nur scheinbar dösten sie vor sich hin.

Kann es heute noch eine Einigung geben? Wir haben immer noch keinen Papst gewählt, versucht einer es mit einem Scherz. Ist es das, worauf alle gewartet haben? Fragen gibt es genug, gestellt wurden aber nur wenige. Von Auskünften ganz zu schweigen.

Die Verabredung

Mit Gustl Kneer hatte ich eine Verabredung, wusste aber nicht mehr genau, wo er wohnte. „Bei mir daheim", hatte er gesagt, nach meiner Erinnerung irgendwo bei meiner alten Schule. Ich hatte aber unterlassen ihn nochmals zu fragen, man will ja nicht erscheinen wie einer, der alles vergisst. Ich hatte also geschwiegen beziehungsweise genickt, als wisse ich schon, wo er meinte. Vor lauter Überlegen, wo das nun war, hatte ich ganz vergessen, was ich eigentlich von Gustl Kneer wollte, also den Zweck der Verabredung. Natürlich war es bestimmt nett, einfach so zu Gustl Kneer zu gehen, ich schaue gern in die Wohnungen anderer Leute. Aber wenn er nun fragte: Was gibts? oder Was führt dich zu mir, lieber Eugen? dann stand ich da und wusste nichts darauf zu sagen.

So dachte ich hin und her und stieg schon mal in die Straßenbahn ein, irgendeine, in unserer Stadt verkehren ja viele. So gewann ich wenigstens Zeit und musste nicht grübelnd am Straßenrand stehen. Gustl Kneer kannte ich ziemlich lange, seit meiner Schulzeit wahrscheinlich. Die Straßenbahn hielt geradewegs vor Gustl Kneers Hauseingang, wie praktisch! Dennoch konnte ich es nicht erwarten und sprang kurz vorher schon ab – es war wohl eine ältere Straßenbahn, eine von früher, bei denen war das noch möglich. Und da stand auch schon Gustl Kneer, schien auf mich zu warten. Oder doch nicht, er schaute an mir vorbei. Bist du nicht Gustl? wollte ich fragen, sah aber im letzten Augenblick davon ab und beugte mich über die Klingelknöpfe rechts von der Haustür, als suchte ich dort einen Namen.

Ich verstehe eigentlich gar nichts von diesen Dingen

Angeblich ist alles ganz einfach, doch ich durchschaue es nicht. Ich denke mal so und mal so müsste es sein. Mittlerweile geb ich es fast schon auf.

Doch halt! Manchmal gibt es Momente, da weiß ich: So ist es richtig.

Aber eben nur für diesen Moment. In diesem Moment fühle ich mich größer als mich selbst. Und – ich traue mich kaum es zu sagen: Alles gelingt mir.

Will ich ihn aber verlängern, diesen Moment, schrumpfe ich wieder. Bis ich fast weg bin. Das Gelingen ist dann wie der Traum, den wer anderes mal geträumt hat, der mir kopfschüttelnd davon erzählt.

Angekommen

Seit ich in Burgau wohne, habe ich keine Probleme mehr, mir meinen Wohnort zu merken. Burgau, das merkt sich leicht. Als ich in Burgau ankam, dachte ich, ich wäre in Saulgau, das klingt irgendwie ähnlich. Doch inzwischen hab ich mich an den Namen Burgau gewöhnt. Wenn ich jetzt abends manchmal durch Burgau gehe, denke ich: Das ist also Burgau!

Und bin zufrieden in Burgau zu sein. Selten, ganz selten denke ich noch: Wie wäre es wohl in Saulgau gewesen? Doch solche Momente kommen fast gar nicht mehr vor. Bald hab ich, ganz sicher, den Namen Saulgau vergessen. Und wenn mir irgendwer doch einmal von Saulgau spricht, werd ich mich fragen, was er damit meint.

Mit Marie im Taxi – wohin

Sonntag war es, das Wetter zu schön, um Taxi zu fahren. Wir stahlen uns Regen und bliesen ihn gegen die Scheiben. So in der Feuchtigkeit starrten wir auf den Taxameter und hielten uns eng beieinander.

Vor uns der Fahrer trug weder Mütze noch Helm, das war uns fremd, dass Fahrer nichts dergleichen mehr tragen. Über die Stadt- oder Staatsgrenzen trug uns das Taxi, in dem es knackte, ferne Antennen erzitterten schwach.

Gesicht an Gesicht sahen wir zu, wie die Landschaften sich ineinander verwandelten, als seien sie demselben Licht entsprungen, das rosengefärbt sich ergoss. Wohin? In die Biegungen etlicher Wege. Bis es, dämmernd bis zögernd, zum Abend hin duftend und leuchtend zerfloss.

Buster

Buster lebte nicht sehr lange, mit 27 wars schon zu Ende. Als kleiner Junge hatte er wenig zu lachen, später wurde er sehr berühmt. Noch heute spricht man von ihm, nach so vielen Jahren. Was soll man von ihm erzählen? In der Nacht vor seinem Tod schrieb er ein Gedicht über das Leben. Das fand am Morgen ein Freund und hielt es für eine Art Abschiedsbrief.

Wahrscheinlich aber war es ein Unfall. Er lebte, wie man sagt, sehr intensiv. Da kann es schon mal passieren, dass man tot aufwacht am Morgen. Eine Frau, die bei ihm war, war dann doch nicht da, als es drauf ankam. Später erzählte sie allerhand ungereimtes Zeug, wie alles gewesen sein soll. Mal so, dann wieder anders.

Am Tag vor seinem Tod fotografiert sie ihn noch im Garten. Da sieht er nicht aus, als werde er nächste Nacht sterben. Vielleicht ist er ja doch noch am Leben. Die ihn immer noch Buster nennen, wenn sie von ihm sprechen, sind davon überzeugt. Für sie ist er immer Buster geblieben. Die Welt wusste nichts von diesem Namen.

Ganoven

Ich hatte mit mehreren eine Verabredung getroffen. Allerdings kamen dann andere. Ich gesellte mich dazu, als wäre ich der, den sie hatten treffen wollen, so verstanden wir uns ganz gut.

Wir müssen ein Ding drehen, sagte einer von ihnen, den ich für ihren Anführer hielt, obwohl er zurückhaltend auftrat. Ich trat aber auch zurückhaltend auf, und doch wollten sie unbedingt mit mir sprechen. Jedenfalls hatte ich's so verstanden. Richtig klar war das aber nicht. So schwiegen wir eine Weile.

Als draußen die Polizeisirene losging, nahm niemand davon Notiz. *Wir* konnten doch nicht gemeint sein! Die werden ja nicht die Sirene anmachen um uns zu schnappen, sagte ich, beinahe scherzend, als wäre ich einer von ihnen. Der, den ich für den Anführer hielt, rückte seine Brille zurecht.

Wovon sprechen Sie? lispelte er, die Sirene haben *wir* doch bestellt! Oder sollen wir auf den Heiland warten? Ich ignorierte seine religiöse Anspielung, freute mich aber, dass ein Gespräch in Gang kam. Ich wiege fast neunzig Kilo, wechselte ich dennoch das Thema, ich hoffe, das ist Ihnen recht. Der Anführer holte einen Kugelschreiber hervor und machte sich hastig Notizen. Jemand aus dem hinteren Teil des Raums nickte, als wäre das die Information, von der alles abhing. Die Sirene brach ab. Schritte waren aber keine zu hören.

Woher kommen Sie, aus dem Banat? nahm der Anführer das Gespräch wieder auf. Als wollte er mich verhören! schoss es mir durch den Kopf. Mein Lebenslauf liegt bei, antwortete ich. Und bitte vermeiden Sie diese irreführende Bezeichnung.

Ja, ja, Lebenslauf, die Stimme des Anführers klang jetzt genervt. Das kann jeder sagen, er habe ein Leben, und das auch noch mit Lauf. *Das* hier ist ein Lauf, fügte er wieder ruhiger hinzu und hielt mir den Lauf einer Pistole entgegen. Oder war es sogar die Mündung? Aus dem Hintergrund vernahm ich beifälliges Knurren.

Hände hoch! rief ich, als sei er der Bedrohte, vollführte aber die Bewegung gleich mit. Nun lachten alle, sogar der Anführer, wie über einen verunglückten Witz.

Syd 1

Wahrscheinlich hat er gespürt, dass sie schon anfingen ihn zu ersetzen. Auf der Bühne stand er immer öfter bloß da und tat gar nichts. Wenn er überhaupt zu den Auftritten erschien. Dann ist er wieder wie immer. Man konnte nie sicher sein. Sie fragen einen anderen, einen Nachbarsjungen aus Kindertagen, mit dem er als Zehnjähriger anfing Gitarre zu spielen. Ob er nicht für ihn einspringen wolle. Der andere ist kaum älter, drei Monate jünger sogar. Er tut dann auf der Bühne, als würde er Syds Texte singen, die per Playback eingespielt werden. Die allen vertraute Stimme! Irgendwann steht der Name des Neuen statt seines auf den Plakaten.

Syd 2

Er isst fast nur Süßigkeiten, wird davon immer dicker. Bekommt Zucker, die Haare fallen ihm aus. Früher war er ständig am Texten und Komponieren. Spielte er den anderen ein neues Stück vor, weigerte er sich danach, es genau so mit ihnen zu üben. Es sollte jedesmal anders klingen! Laufend ändert er den Rhythmus, die Akkordfolge, baut spontan Neues ein. So ist es mühsam, überhaupt etwas aufzunehmen. Im Tonstudio brüllt ihn der Ingenieur an. Ein Wunder, dass am Ende doch ein ganzes Album entsteht. Das sich blendend verkauft. Und so fordern sie immer mehr. Immer mehr Kompositionen. Dir gehen sie doch so leicht von der Hand! Angelehnt an seinen Stil, beginnen zwei aus der Band eigene Stücke zu schreiben.

Syd 3

Ständig kauft er neue Gitarren. Spielt nie darauf, legt sie bloß zu den andern. Bei seinem Tod werden es achtundzwanzig sein. Noch ist er aber am Leben. Seine Mutter muss mit ihm umziehen, das alte Haus wird wegen der Gitarren zu klein. Auch im neuen lebt er fast ausschließlich im Keller. Manchmal geht er raus in den Garten, arbeitet dort. Eine Zeitlang rufen noch welche von seiner Band an. Die Mutter wimmelt sie ab. Einer kommt trotzdem mal einfach vorbei. Ausnahmsweise hat Syd selbst die Tür geöffnet. Der ist nicht da, sagt er. Und lässt den anderen gehen.

Syd 4

Sie nehmen ein nächstes Album auf, dann noch eins. Ohne ihn geht es schneller. Noch immer ist viel von ihm in ihrer Musik. Sie werden Stars, stilprägend für ihre Zeit. Manche der Texte handeln von ihm, auf nicht gleich erkennbare Weise. Als sie einmal an einem solchen Stück arbeiten, erscheint er unerwartet im Studio, setzt sich wortlos irgendwohin. Eine halbe Stunde lang machen sie weiter, ohne ihn zu erkennen. So sehr hat er sich verändert. Dann erst spricht einer ihn an. Wie ihm das gefalle, was sie da gerade proben. Er meint, es sei schon okay, etwas altbacken vielleicht. Dann geht er wieder. Sie haben ihn nicht mehr gesehen.

Das altbackene Stück wird zu einem ihrer größten Erfolge. Sie spielen es in Stadien und riesigen Sälen, vor ungeheuren Zuhörermengen. Kaum kennen die jüngeren Fans noch seinen Namen. Viele der älteren fragen sich, was ist aus ihm geworden? Angeblich ist er in seine Heimatstadt zurückgekehrt, 80 km von der Hauptstadt entfernt, und lebt dort bei seiner Mutter. Schriftliche Berichte über „Sichtungen“ kursieren, in denen mitgeteilt wird, wo er gesehen worden sei und wie er jetzt aussehe.

Er aber liest die meiste Zeit in einem phantastischen Buch, das schon als Kind seine liebste Lektüre war. Nun hat er Zeit, es wieder und wieder zu lesen. Sein Lieblingskapitel handelt von einem Flötenspieler, der mit der Flöte den Morgen begrüßt. Irgendwo weitab von den Menschen, nur ein paar Tiere hören ihm zu. Das Lied, heißt es in dem Buch, kann nur an diesem einzigen Ort gespielt werden. Und es ist unwiederholbar, nie kann es zweimal auf dieselbe Weise erklingen. Und nur nichtmenschliche Wesen können es hören.

Stürmischer Tag

Ich ging, es war ein stürmischer Tag, aus dem Haus und kaufte mir eine Fahrkarte oder ein Fahrrad, irgendwas in der Art. Dank meiner Erwerbung kam ich gut voran, der Wind tat ein Übriges, zumal die Richtung stimmte, und so war ich bald ziemlich weit weg. Zum Bleiben lud nichts ein, deshalb dauerte meine Fahrt an, bis, es mussten Stunden vergangen sein, ich irgendwo ankam, wo es nach Mond roch und auch danach aussah.

Wo genau befinde ich mich hier, wollte ich einen Vorüberlaufenden fragen, aber da er ja lief, war er schon weg. Ansonsten war es recht windstill, so konnte ich aufrecht gehen. Dabei aß ich etwas Brot, das ich entweder mitgebracht oder unterwegs wo gekauft hatte, wahrscheinlich beides.

Irgendwann blieb ich stehen, vor mir ein Schild: *Hier beginnt Hinter dem Mond.* Ich wusste nicht, ob das als Warnung gemeint war und ging einfach weiter. Darauf verlor sich meine Spur, macht ja nichts.